Würzburg

Sachbuchverlag Karin Mader

Fotos:
Thomas Neumark · Jost Schilgen

Seite 32:
Fremdenverkehrsamt der Stadt Würzburg

Text:
Martina Wengierek

© Sachbuchverlag Karin Mader
D-28879 Grasberg

Grasberg 2000
Alle Rechte, auch auszugsweise, vorbehalten.

Übersetzungen:
Englisch: Michael Meadows
Französisch: Mireille Patel

Printed in Germany

ISBN 3-921957-44-3

In dieser Serie sind erschienen:

Der Bauwut der früheren Fürstbischöfe ist es zu verdanken, dass sich Würzburg schon früh zum architektonischen Kleinod Europas mauserte. Entscheidenden Beitrag dazu leistete nicht nur Tilman Riemenschneider, der große Bildhauer der Spätgotik. Auch Balthasar Neumann machte seinen Ruf als schöpferisches Genie durch eine Vielzahl von herrlichen Bauten unsterblich.

Würzburg ist bis heute eine Stadt für Genießer. Ob beim Bummel durch die idyllischen Winkel der Altstadt, beim Streifzug durch die Parks und Gärten mit ihren Putten und Wasserspielen oder bei der Stippvisite in einem der urigen Weinkeller – der Hauch vergangener Jahrhunderte ist das Pfund, mit dem man in Würzburg wuchert. So zieht dieses historische Fleckchen am Main, das schon die Kelten zu schätzen wußten, nicht allein Touristen und Studenten an: inzwischen haben rund 130000 Menschen hier ihr Zuhause.

It is thanks to the building frenzy of the early bishops that Würzburg blossomed into one of Europe's architectural gems at an early date. It was not only Tilman Riemenschneider, the great sculptor of the late Gothic period, who made a decisive contribution to the city's development. Balthasar Neumann also made an enduring reputation for himself as a creative genius by virtue of numerous magnificent edifices.

Würzburg has remained up to today a city for pleasure-lovers. Whether going for a stroll through the idyllic Old Town, walking through the parks and gardens with their cherubs and fountains or visiting one of the ethnic wine taverns – the aura of past centuries is the attraction that Würzburg makes the most of. And it is not just tourists and students who flock to this historical spot on the Main which was already appreciated by the Celts: roughly 130,000 people now have their home here.

Le passion de construire des princes-évêques fit très tôt de Wurtzbourg le bijou architectural de l'Europe. Tilman Riemenschneider, le grand sculpteur de la fin de la période gothique, ne contribua pas seul à cette splendeur. Les magnifiques constructions de Balthasar Neumann valurent à ce genie créateur une gloire immortelle.

Wurtzbourg est, encore aujourd'hui, une ville pour les bons vivants. Que le visiteur se promène dans le dédale idyllique de la vieille ville, les parcs et les jardins avec leurs angelots et leurs fontaines ou qu'il entre dans l'un des antiques celliers, le souffle du passé l'accompagne en tous lieux. Ainsi ce petit emplacement au bord du Main si chargé d'histoire et que les Celtes appréciaient déjà, n'attire pas que les touristes et les étudiants, il compte, à présent, 130000 habitants.

Kleinod am Main

Die großen Männer der Stadtgeschichte geben sich auf der alten Mainbrücke am Fuße der Festung Marienberg ein Stelldichein. Das Bauwerk, das von 1473-1543 errichtet wurde, wird von zwölf Sandsteinfiguren flankiert. Sie stellen unter anderem Karl den Großen, die Märtyrer Kilian, Kolonat und Totnan sowie mehrere Würzburger Bischöfe dar. Am Ufer erhebt sich ein Wahrzeichen der Stadt: Der „Alte Kranen"

The great men in the city's history come together at the old Main bridge at the foot of the Marienberg fortress. The edifice, which was constructed from 1473-1543, is flanked by twelve sandstone figures. Among others, they represent Charlemagne, the martyrs Kilian, Kolonat and Totnan as well as several Würzburg bishops. On the bank of the river stands a landmark of the city: "Alte Kranen" was

Les grands hommes de l'histoire de la ville se sont donnés rendez-vous sur le vieux pont du Main, au pied de la forteresse de Marienberg. Ce pont fut construit entre 1473 et 1543 et il est flanqué de 12 statues de grès. Elles représentent, entre autres, Charlemagne, les martyres Kilian, Kolonat et Totnan ainsi que plusieurs évêques de Wurtzbourg. Sur la rive se dresse l'un des emblèmes de la ville: la «Vieille Grue»,

wurde 1770 von Balthasar Neumanns Sohn Ignaz erbaut. Wer Lust auf eine Mainpartie verspürt, ist hier genau richtig, denn stündlich legen im Sommer Ausflugsschiffe Richtung Veitshöchheim ab, wo die Fürstbischöfe Würzburgs einst ihren Sommersitz hatten. Beim Bummel durch die historischen Gassen stößt man auf zahlreiche Kostbarkeiten – zum Beispiel den Vierröhrenbrunnen beim Grafeneckart aus dem 18. Jahrhundert: Über den Personifikationen der vier Kardinaltugenden thront eine Allegorie der Franconia (rechts).

built by Balthasar Neumann's son, Ignaz, in 1770. Those who feel like going for a trip on the Main have come to the right place because excursion ships cast off every hour in the summer, taking passengers to Veitshöchheim, where the prince-bishops of Würzburg once had their summer residence. During a stroll through the historical lanes you will encounter numerous treasures – for example, the Vierröhrenbrunnen at Grafeneckart, a fountain dating from the 18th century. An allegory of Franconia (right) stands over the personification of the four cardinal virtues.

construite en 1770 par le fils de Balthasar Neumann, Ignaz. D'ici on peut faire une excursion sur le Main jusqu'à Veitshöchheim, ancienne résidence d'été des évêques de Mayence. En été il y a un bateau qui part toutes les heures. Dans les vieilles ruelles le flâneur découvre maintes oeuvres d'art précieuses comme le Vierröhrenbrunnen près de Grafeneckart: une allégorie de la Franconie (à droite) trône au-dessus de la personnification des quatre vertus cardinales. Cette fontaine date du 18e siècle.

Die Vergangenheit hält Schritt

Einst residierte der bischöfliche Schultheiß und Burggraf Eckart Billung in diesem Hof. Seit 1316 dient der „Grafeneckart" als Rathaus und gilt heute als einziger erhaltener romanischer Profanbau Würzburgs.

At one time the episcopal mayor and castle lord Eckart Billung resided in this edifice. Since 1316 the "Grafeneckart" has served as the town hall and is today considered to be the only preserved secular Romanic building in Würzburg.

L'évêque Schultheiß et le marquis Eckart Billung résidèrent dans cette demeure. Depuis 1316, le «Grafeneckart» sert d'hôtel de ville. C'est le seul édifice profane de style roman qui ait subsisté à Wurtzbourg.

Prächtige Bürgerhäuser und Höfe zaubern immer noch einen Hauch vom Flair vergangener Jahrhunderte in die Stadt. Dazu gehört auch der „Rote Bau", der 1659 von Philipp Preis und Sebastian Villinger errichtet wurde. Seit 1822 gehören zum Rathaus die ehemaligen Klostergebäude der Beschuhten Karmeliten (rechts). Die Klosterkirche musste 1824 einer Verbindungsstraße weichen. Beim Wiederaufbau nach Kriegsschäden wurde 1950 das ehemalige Refektorium als Eingangshalle umgestaltet.

Magnificent town houses and mansions still conjure up a touch of the flair of past centuries. Among these is the "Rote Bau" ("Red Building"), which was built by Philipp Preis and Sebastian Villinger in 1659. Since 1822 the former monastery buildings of the calced Carmelites (right) have been part of the Town Hall. The monastery church had to make way for a connecting road in 1824. During reconstruction after wartime damage the former refectory was redesigned as an entrance hall in 1950.

Les magnifiques maisons bourgeoises et les hôtels particuliers communiquent toujours à la ville le charme des siècles passés. L'une de ces antiques demeures est le «Rote Bau» construite en 1659 par Philipp Preis et Sebastian Villinger. Les anciens édifices du cloître des Carmélites Chaussées (à droite) font partie de l'hôtel de ville depuis 1822. L'église du cloître dut être sacrifiée en 1824 à une rue de communication. Ce couvent ayant été endommagé pendant la guerre il fut reconstruit en 1950. L'ancien réfectoire fut alors transformé en hall de réception.

Ob Schaufensterbummel oder Rast in einem
der zahlreichen Straßencafés – beim Streifzug
durch die Einkaufszone in der Innenstadt bleibt
einem stets die Geschichte auf den Fersen.
So endet ein Stöberstündchen in der Domstraße geradewegs vor den Pforten des Domes
St. Kilian.

Whether you are window shopping of taking a
rest in one of the numerous street cafés – history
follows you every step of the way through the
downtown shopping zone. An exploratory
walk along Domstraße, for example, ends right
in front of the gates of St. Kilian Cathedral.

Que le promeneur lèche les vitrines ou fasse une
halte à la terrasse de l'un des nombreux cafés du
centre-ville, l'histoire le suit pas à pas. Ainsi, en
furetant dans la Domstraße, il arrive tout droit
au portail de la cathédrale St. Kilian.

Vom Gasthaus zum Dienstleistungszentrum: Wo früher Reisende einkehrten, sind heute die Stadtbücherei und die Tourist Information untergebracht. Seine geradezu verschwenderische Stuckdekoration erhielt das Falkenhaus im Jahre 1751.

From inn to service center: The site where travelers used to stop now houses the municipal library and the tourist information office. Falkenhaus received its absolutely extravagant stucco ornamentation in 1751.

D'auberge elle est devenue centre de prestation de services: jadis elle accueillait les voyageurs, à présent elle abrite la bibliothèque municipale et le bureau d'information touristique. L'opulente décoration de stucs de la Falkenhaus date de 1751.

Würzburg ist Geschäfts- und Einkaufszentrum für ein ausgedehntes Hinterland. In der Fußgängerzone (links die Schönbornstraße mit dem Kürschnerhof) sind die Pflasterhelden aus aller Welt unter sich.
Im März 1945 versank der größte Teil der Stadt nach einem schweren Luftangriff in Schutt und Asche. Trotz der Zerstörung konnten die meisten historischen Baudenkmäler wiederaufgebaut und restauriert werden. In altem Glanz

Würzburg is the business and shopping center for an expansive hinterland. In the pedestrian zone (left Schönbornstraße with Kürschnerhof) you can find people from all over the world.
In March 1945 more than half of the city was reduced to rubble after a heavy air attack. Despite the destruction most of the historical monuments were able to be rebuilt and restored. Both Castellerhof (above) and the former

Wurtzbourg est un centre d'affaires et d'achats pour un vaste arrière-pays. Dans la zone piétonnière (á gauche la Schönbornstraße avec le Kürschnerhof) les badauds du monde entier se retrouvent.
En mars 1945 les bombes réduisirent la plus grande partie de la ville en un amas de décombres. Cependant la plupart des monuments historiques purent être reconstruits et restaurés. Le Castellerhof (ci-dessus) et l'ancien Hof

erstrahlen nicht nur der Castellerhof (Vorseite), sondern auch der ehemalige Hof Conti (oben). Diese zweiflügelige Renaissanceanlage wurde einst für einen Neffen des Fürstbischofs Julius Echter erbaut.

Hof Conti (above) radiate their old splendor. This two-wing Renaissance complex was formerly built for a nephew of Bishop Julius Echter.

Conti (ci-dessus) ont recouvré leur splendeur d'antan. Ce bâtiment est un complexe Renaissance à deux ailes, construit jadis pour un neveu du prince-évêque Julius Echter.

Die geistlichen Machthaber Würzburgs verstanden es, aufwendig zu residieren. Der „Rückermainhof" etwa in der Karmelitenstraße (oben) diente dem Ritterstift St. Burkhard

The spiritual rulers of Würzburg knew how to live in style. "Rückermainhof" in Karmelitenstraße (above), for example, formerly served as an office for the St. Burkhard Monastery. And

Les résidences des souverains religieux de Wurtzbourg étaient splendides. Le «Rückermainhof» dans la Karmelitenstraße (ci-dessus) servait jadis de commanderie à l'ordre des

früher als Amtshof. Auch an der Fassade der Greisinghäuser (oben) geht keiner so schnell vorbei: Wer mehr als einen Blick riskieren will, kann die Pracht bei einer Tasse Kaffee im Freien doppelt genießen.

nobody hurries past the facade of the Greising houses either: if you want to catch more than a glimpse, you can get the double enjoyment of taking a longer look while drinking a cup of coffee outside.

chevaliers de St. Burkhard. Les façades des Greisinghäuser (ci-dessus) ne manquent pas, non plus, d'attirer l'attention. Qui ne saurait se contenter d'un coup d'œil rapide peut jouir doublement de cette œuvre splendide en savourant, en plein air, une tasse de café.

Wer den berühmten Frankenwein probieren möchte, sollte im „Stachel" in der Gressengasse einkehren. Schon im 15. Jahrhundert gönnten sich hier die Bauern nach getaner Arbeit einen guten Schoppen. Die heutige Anlage stammt aus dem 17. Jahrhundert. An warmen Sommertagen ist im malerischen Innenhof jeder Platz heiß begehrt.

Those who would like to try the famous Franconian wine should stop at the "Stachel" in Gressengasse. Back in the 15th century farmers indulged in a good glass of wine here after finishing work. The present structure dates from the 17th century. There is heated competition for every seat in the picturesque inner courtyard on warm summer days.

L'amateur de bons crus qui désire goûter le célèbre vin de Franconie doit se rendre au «Stachel» dans la Gressengasse. Au 15e siècle, déjà, les paysans y buvaient une bonne chope après leur travail. Le complexe actuel date du 17e siècle. Par les beaux jours d'été les places de la pittoresque cour intérieure sont ardemment convoitées.

Hinter den Arkaden des Bürgerspitals von 1319 feiert ebenfalls der Steinwein Triumphe: Seine Weinstube zählt zu den berühmtesten Adressen der Stadt. Stifter des Spitals war der reiche Würzburger Bürger Johannes von Steren.

Steinwein also experiences triumphant celebrations behind the arcades of the Bürgerspital dating from 1319: its wine tavern is one of the most famous addresses of the city. The hospital was donated by Johannes von Steren, a rich citizen of Würzburg.

Derrière les arcades du Bürgerspital de 1319, le «Steinwein» célèbre d'autres triomphes. Ce débit de vin est l'une des adresses les plus fameuses de la ville. L'hôpital fut fondé par le riche bourgeois de Wurtzbourg Johannes von Steren.

Auch der Weinkeller im Juliusspital lohnt einen Abstecher. Die Anlage wurde 1576 von Bischof Julius Echter gestiftet. Nach Brand und Wiederaufbau durch Balthasar Neumann Mitte des 18. Jahrhunderts gleicht sie heute fast einem barocken Schloß und dient immer noch als Krankenhaus.

An outing to the wine tavern in Juliusspital is also worthwhile. This complex was donated by Bishop Julius Echter in 1576. After a fire and then reconstruction by Balthasar Neumann in the mid-18th century it almost looks like a baroque palace today and still serves as a hospital.

Le cellier dans le Juliusspital mérite bien un petit détour. Ce complexe fut fondé en 1576 par l'évêque Julius Echter. Ayant été détruit par un incendie, il fut reconstruit par Balthasar Neumann au milieu du 18e siècle. Il ressemble fort à un château baroque et sert encore d'hôspital.

Zentrum für Forschung und Wirtschaft

Die Universität wurde 1582 von Bischof Echter als Schwerpunkt der Gegenreformation gegründet. Nach Plänen des Niederländers Georg Robyn entstand bis 1591 ein geschlossener Gebäudetrakt vom Typ des Kollegiums. Der quadratische Innenhof hat bis heute nichts von seiner Romantik eingebüßt. Als Wilhelm Conrad Röntgen im Jahre 1888 an der Würzburger Universität die Professur für Physik übernahm, sollte das der Welt ein neues Zeitalter der Forschung bescheren: Röntgen entdeckte hier die nach ihm benannten X-Strahlen. Heute studieren in Würzburg über 20000 Studenten an zwölf Fakultäten.

The university was founded by Bishop Echter in 1582 as one of the focal points of the Counter-Reformation. A self-contained group of buildings typical of colleges was constructed according to plans of Dutchman Georg Robyn and was completed in 1591. The square courtyard has not lost any of its romanticism up to today. When Wilhelm Conrad Röntgen took over the chair of the physics department in 1888, it was to mark the beginning of a new era in research: here Röntgen discovered the X-rays which were named after him. Today over 20,000 students are enrolled in twelve departments at the University of Würzburg.

L'université fur fondée en 1582 par l'évêque Echter pour être un foyer de la Contre-Réforme. Une construction d'un seul tenant, dans le style des collèges, fut terminée en 1591, d'après les plans du Hollandais Georg Robyn. La cour carrée intérieure n'a rien perdu de son charme romantique. Whilhelm Conrad Röntgen reçut la chaire de physique à l'université de Wurtzbourg en 1888. Ceci ouvrait à la recherche une ère nouvelle: Röntgen découvrit ici les rayons-X qui portent son nom. A présent plus de 20000 étudiants, répartis en douze facultés, étudient à Wurtzbourg.

Als Verwaltungszentrum verfügt Würzburg über zahlreiche Behörden, Bildungs- und Kultureinrichtungen (hier das Congress-Centrum). Gleichzeitig ist es wirtschaftliche Drehscheibe für den mainfränkischen Raum. Die wichtigsten Standbeine der Industrie bilden der Maschinenbau sowie die Nahrungs- und Genußmittelbranche.

As an administrative center, Würzburg is the seat of numerous government authorities, educational and cultural institutions (here the convention center). At the same time it is the economic pivotal point for the Mainfranken region. The most important pillars of industry here are the mechanical engineering sector as well as the food, beverage and tobacco industry.

En tant que centre administratif Wurtzbourg est le siège de nombreux offices gouvernementaux et d'institutions d'enseignement et culture (ici le Congress-Centrum). C'est aussi la plaque tournante commerciale de la région Main-Franconie. Les constructions mécaniques et les produits alimentaires constituent les secteurs les plus importants de son industrie.

Kirchen in Würzburg: Galerie der Türme

Als traditionelle Bischofsstadt bildet Würzburg den geistlichen Mittelpunkt des katholischen Frankenlandes. Sichtbarer Ausdruck dafür ist das imposante Kirchen-Ensemble, zu dem neben Marienkapelle und Neumünster vor allem der Dom St. Kilian gehört (Foto), der aus dem 11./12. Jahrhundert stammt.

As a traditional diocesan town, Würzburg forms the spiritual center of Catholic Franconia. A visible expression of that is the imposing church ensemble that includes the Chapel of the Virgin Mary and Neumünster as well as the cathedral (photo). St. Kilian dates from the 11th/12th century.

Wurtzbourg est traditionnellement un évêché et le centre religieux de la Franconie catholique. L'ensemble imposant des églises comprenant la Marienkapelle, le Neumünster et surtout la cathédrale (photo) est une expression visible de ceci. St. Kilian date des 11 et 12e siècles.

Der Dom St. Kilian aus dem 11./12. Jahrhundert gehört zu den größten romanischen Kirchen Deutschlands. Ihre wertvollsten Schätze sind zahlreiche Grabdenkmäler aus der Zeit vom 12. bis 20. Jahrhundert, unter anderem von der Meisterhand Tilman Riemenschneiders.

St. Kilian Cathedral from the 11th/12th centuries numbers among the largest Romanic churches in Germany. Its most valuable treasures are numerous tombs dating from the 12th to the 20th century, made by, among others, the master hand of Tilman Riemenschneider.

La cathédrale St. Kilian date des 11 et 12e siècles. C'est l'une des plus grandes églises romanes d'Allemagne. Ses trésors le plus précieux sont les nombreux monuments funéraires allant du 12 au 20e siècles et parmi eux les œuvres de Tilman Riemenschneider.

Der idyllische Innenhof des Domes ist mehr
als nur einen Augenblick wert (links). Heiter-
keit statt Strenge vermittelt die Schönbornkapelle. Johann Philipp Franz Graf von Schönborn hatte sie als Grabstätte für die geistlichen
Fürsten seines Hauses geplant. Beim Tod des
Fürstbischofs 1724 war jedoch nur der Rohbau
fertig. Erst sein Bruder brachte die Kapelle
1736 zur Vollendung.

The idyllic inner courtyard of the cathedral is
more than just a minute's worth (left). The
Schönborn Chapel conveys cheerfulness instead
of severity. Johann Philipp Franz Graf von
Schönborn planned it as a burial site for the
prince-bishops of his royal house. When the
prince-bishop died in 1724, however, only
the carcass of the building was finished. His
brother later completed the chapel in 1736.

L'idyllique cour intérieure de la cathédrale (à
gauche) mérite plus qu'un instant d'attention.
La Schönbornkapelle exprime la joie au lieu de
l'austérité. Le comte Johann Philipp Franz de
Schönborn l'avait destinée à abriter les tombes
des dignitaires religieux princiers de sa famille.
A la mort du prince-évêque, cependant, seul le
gros oeuvre était terminé. C'est son frère qui
compléta la chapelle en 1736.

Über dem 752 wiederentdeckten Grab des Märtyrers Kilian hatten die Würzburger ihren ersten Dom errichtet. Jetzt erhebt sich an dieser Stelle das Neumünster. Die ursprünglich romanische Basilika aus dem 13. Jahrhundert erhielt im 18. Jahrhundert ihr barockes Gesicht.

The people of Würzburg built their first cathedral over the grave of Kilian the martyr which was rediscovered in 752. Now the Neumünster stands at this site. The originally Romanic basilica dating from the 13th century received its baroque appearance in the 18th century.

Sur la tombe du martyre Kilian, redécouverte en 752, les habitants de Wurtzbourg construisirent leur première cathédrale. A présent le Neumünster s'élève à cet emplacement. La basilique romane d'origine, datant du 13e siècle, fut remaniée dans le style baroque au 18e siècle.

Im Lusamgärtchen hinter dem Neumünster finden sich Reste eines Kreuzganges. Hier steht das Grabmal des großen Minnesängers Walther von der Vogelweide. Er hatte nach einem rastlosen Wanderleben von Kaiser Friedrich II. aus dem Besitz des Neumünster-stifts ein Alterslehen erhalten und war 1230 in Würzburg gestorben.

In the Lusam Garden behind Neumünster there are remains of a cloister. The tomb of the great minnesinger Walther von der Vogelweide is located here. He received a fief for his old age from the property of the Neumünster diocese from Kaiser Friedrich II after a restless life of wandering and died in Würzburg in 1230.

Le Lusamgärtchen, derrière le Neumünster, comprend les restes d'un cloître. C'est ici que repose le grand troubadour Walther von der Vogelweide. Dans ses vieux jours, après une vie de vagabondages incessants, l'empereur Frédéric II lui avait accordé un fief pris sur les possessions du couvent de Neumünster et il était mort à Wurtzbourg en 1230.

Ein politischer Mord gegen Ende des 7. Jahrhunderts hat der Christianisierung Frankens vermutlich den entscheidenden Auftrieb gegeben und den Weg Würzburgs als Bischofssitz vorgezeichnet: Die fränkische Fürstin Gailana ließ damals den irischen Wanderbischof Kilian und zwei seiner Gefährten umbringen. Sein Grab liegt heute im Neumünster.

A political assassination at the end of the 7th century presumably gave a decisive impetus to the Christianization of Franconia and paved the way to Würzburg's becoming a diocesan town: at that time the Franconian princess, Gailana, arranged for the killing of the Irish itinerant bishop, Kilian, and two of his companions. His tomb is now in the Neumünster.

Un assassinat politique vers la fin du 7e siècle a probablement contribué à la christianisation de la Franconie et décidé du destin de Wurtzbourg en tant qu'évêché: La princesse Gailana fit alors assassiner l'évêque itinérant Kilian et deux de ses compagnons. Sa tombe se trouve aujourd'hui dans le Neumünster.

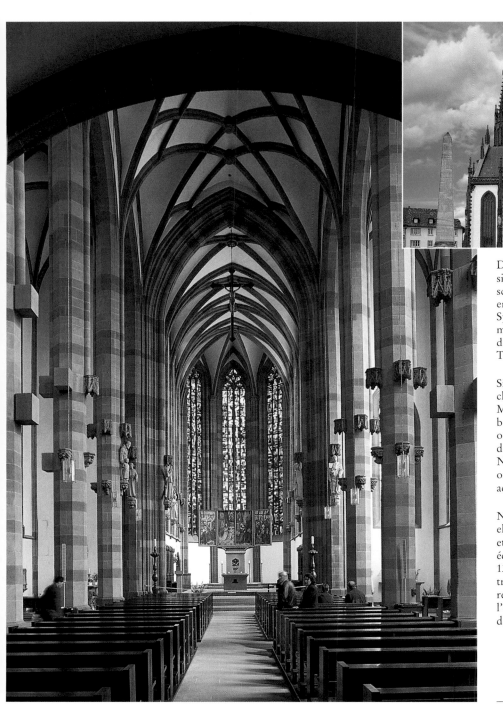

Da sie es nie bis zur Pfarrkirche brachte, heißt sie bis heute Marienkapelle und gilt als eines der schönsten gotischen Bauwerke Bayerns. Sie entstand ab 1377 anstelle einer abgebrannten Synagoge und ist Grabstätte Balthasar Neumanns. Das Kirchenportal schmücken Kopien der berühmten Figuren Adam und Eva von Tilman Riemenschneider.

Since it never managed to become a parish church, it is still called the Chapel of the Virgin Mary and is regarded as one of Bavaria's most beautiful Gothic edifices. Construction work on it was begun in 1377 at the site of a burnt-down synagogue and it is the site of Balthasar Neumann's grave. Copies of the famous figures of Adam and Eve by Tilman Riemenschneider adorn the church portal.

N'étant jamais devenue une église paroissiale, elle s'appelle encore aujourd'hui Marienkapelle et est considérée comme l'un des plus beaux édifices gothiques de Bavière. Elle fut construite 1377 sur l'emplacement d'une synagogue détruite par les flammes. C'est le dernier lieu de repos de Balthasar Neumann. Le portail de l'église est décoré de copies des célèbres statues de Tilman Riemenschneider, Adam et Eve.

Die Katholische Pfarrkirche Stift Haug gilt als erster barocker Großbau in Franken und Hauptwerk seines Baumeisters Antonio Petrini. Sie wurde 1691 vollendet. Ein Glanzstück gelang Balthasar Neumann Mitte des 18. Jahrhunderts mit der zauberhaften Wallfahrtskirche auf dem Nikolausberg (rechts). Zum Käppele hoch über dem Main führt ein malerischer Stationsweg mit lebensgroßen Figurengruppen.

The Catholic parish church Stift Haug is considered to be the first large baroque edifice in Franconia and the main work of its architect, Antonio Petrini. It was completed in 1691. Balthasar Neumann created a brilliant masterpiece in the enchanting pilgrimage church on Nikolausberg (right) in the middle of the 18th century. A picturesque path with lifesize groups of figures depicting the stations of the cross leads to the "Käppele" high above the Main River.

L'église paroissiale Stift Haug est considérée comme le premier grand édifice baroque en Franconie. C'est l'oeuvre maîtresse de l'architecte Antonio Petrini. Elle fut terminée en 1691. L'enchanteresse Wallfahrtskirche, datant du milieu du 18e siècle et située sur le Nikolausberg (à droite), est une œuvre particulièrement brillante de Balthasar Neumann. Un chemin de croix monumental mène au Käppele qui domine le Main.

Die Residenz: Perle des Barocks

Ein ehemaliger Glockengießergeselle verhalf Würzburg zum bedeutendsten Schloßbau des deutschen Barocks: Der erst 32 Jahre alte Balthasar Neumann errichtete von 1720-1744 die Residenz der Fürstbischöfe (rechts). Das herrliche Fresko im Treppenhaus stammt von dem Venezianer Giovanni Battista Tiepolo. Den Platz vor der Residenz schmückt der Franconiabrunnen von 1894, der zugleich den Künstlern Walther von der Vogelweide, Tilman Riemenschneider und Matthias Grünewald ein Denkmal setzt. Im Hofgarten kann man vor allem im Frühling sein blühendes Wunder erleben. Seine Ausgestaltung begann erst nach Fertigstellung der Residenz und wurde nie ganz zu Ende geführt.

A former bell-founder journeyman helped in giving Würzburg the most significant palace edifice of the German baroque period: at only 32 years of age Balthasar Neumann built the royal residence of the bishops (on right) from 1720-1744. The splendid fresco in the staircase was done by the Venetian, Giovanni Battista Tiepolo. The area in front of the residence is decorated by the Franconia Fountain from 1894, which is at the same time a monument dedicated to the artists Walther von der Vogelweide, Tilman Riemenschneider and Matthias Grünewald. In the courtyard garden you can witness a blooming marvel, especially in spring. Its design did not begin until after the completion of the residence and was never brought to an end.

C'est grâce à un ancien compagnon fondeur de cloches que Wurtzbourg possède le château baroque le plus important d'Allemagne: Balthasar Neumann, âgé d'à peine 32 ans, consuisit de 1720 à 1744 la résidence du prince-évêque (à droite). La merveilleuse fresque de l'escalier d'Honneur est une œuvre du Vénitien Giovanni Battista Tiepolo. La fontaine de Franconie de 1894 orne la place devant la Résidence. Elle est dédiée aux artistes Walther von der Vogelweide, Tilman Riemenschneider et Matthias Grünewald. Le Hofgaten est particulièrement beau au printemps. Il ne fut tracé qu'après la complétion de la Résidence et ne fut jamais tout à fait terminé.

Tiepolo hatte bei der Ausgestaltung der Residenz künstlerisch freie Hand – dafür schlug er sogar einen Auftrag des schwedischen Königs aus. Er malte mit Feuereifer: In nur 14 Monaten schuf er 1752/53 das großartige Deckengemälde im Kaisersaal. Es zeigt die Hochzeit Friedrich Barbarossas mit Beatrix von Burgund.

Tiepolo had a free hand in the artistic design of the residence – he even turned down a job offered by the Swedish king. He painted with great zeal: In only 14 months in 1752/53 he created the magnificent ceiling painting in the Imperial Room. It depicts the wedding of Friedrich Barbarossa with Beatrix von Burgund.

Tiepolo avait toute latitude pour décorer la Résidence. Pour cela il refusa même une commande du roi de Suède. Il peignit avec un zèle ardent: Il réalisa en 14 mois à peine, en 1752/53, le magnifique plafond de la Kaisersaal. Il représente le mariage de Frédéric Barberousse et de Béatrice de Bourgogne.

Schon Maria Theresia und Napoleon waren von der genialen Gestaltungskunst Neumanns begeistert. Sein Gartensaal in der Residenz vermittelt die perfekte Illusion eines zum Himmel geöffneten Zeltes. Das Deckenfresko stammt von Johann Zick, der Stuck ist eine Meisterleistung des Italieners Antonio Bossi.

Even Maria Theresia and Napoleon were enthusiastic about Neumann's brilliant artistic design. His Garden Room in the residence conveys the perfect illusion of a tent opened to the sky. The ceiling fresco was done by Johann Zick, the stucco work is a masterpiece of the Italian, Antonio Bossi.

Marie Thérèse et Napoléon étaient de grands admirateurs du génie de Neumann. Sa «Garten-saal» dans la Résidence donne l'illusion parfaite d'une tente ouverte sur le ciel. La fresque du plafond est de Johann Zick et les stucs sont un chef-d'œuvre de l'Italien Antonio Bossi.

Die Benediktinerabtei in Banz inspirierte Neumann beim Entwurf der Hofkirche, die ebenfalls die Handschrift Tiepolos und Bossis trägt. Dank ihres komplizierten Raumgefüges zog sich die Bauzeit über 13 Jahre hin und war erst 1743 abgeschlossen. Ihre Pracht ist geradezu verschwenderisch: Kein Wunder, daß die Brautpaare der Stadt am liebsten hier vor den Altar treten.

The Benedictine abbey in Banz inspired Neumann in the design of the Hofkirche, which also shows the hand of Tiepolo and Bossi. Due to the complicated spatial structure, construction of the church lasted over 13 years and was not completed until 1743. Its splendor is absolutely extravagant: no wonder that the wedding couples of the city prefer to step up to the altar here.

L'abbaye bénédictine de Banz inspira Neumann lorsqu'il fit les plans de la Hofkirche, à laquelle travaillèrent également Tiepolo et Bossi. A cause de l'agencement complexe des éléments, la construction s'étendit sur 13 ans et ne fut complétée qu'en 1743. Sa somptuosité est d'une opulence extrême. Rien d'étonnant à ce que les couples de la ville l'aient élue pour s'y marier.

Die Festung Marienberg

Die Festung Marienberg gab mit ihrer ursprünglichen Bezeichnung „Würzberg" der Stadt ihren Namen. Bereits im 8. Jahrhundert v.Chr. befand sich hier eine Höhensiedlung, nutzten Kelten sie als Kultstätte. Im 7. Jahrhundert n.Chr. errichteten fränkische Herzöge an dieser Stelle eine Burg samt Marienbasilika. Bis 1719 diente die zur Reichsfestung ausgebaute Burg den Fürstbischöfen als Wohnsitz. Über die Festungsmauern wacht die Madonna im Strahlenkranz.

The Marienberg fortress gave the city its name through its original designation, "Würzberg". A settlement was already located on this hill in the 8th century B.C.; Celts used it as a place of worship. In the 7th century A.D. Franconian dukes built a castle, including a basilica of the Virgin Mary, at this site. Up to 1719 the castle, which had been expanded into an imperial fortress, served as the residence of the bishops. The Madonna with halo watches over the fortifying walls.

La forteresse de Marienberg s'appelait à l'origine «Würzberg», d'où le nom de Wurtzbourg. Sur ces hauteurs, peuplées dès le 8e siècle avant J.-C., se trouvait un lieu de culte celte. Au 7e siècle après J.-C. les ducs francs élevèrent à cet emplacement un château et une basilique dédiée à la Vierge. Le château, transformé en forteresse d'Empire, servit de résidence au prince-évêque jusqu'en 1719. La Madone à la couronne de rayons veille sur les murs de la forteresse.

Kaum waren die Gründerjahre verflogen, verfiel die Burg zunächst, bis das Areal im Jahre 985 in den Besitz des Klosters St. Burkhard am Fuß des Berges überging. Erst Bischof Konrad von Querfurt erweckte die Anlage 1201 zu neuem Leben. Nachdem sie mehrere Brände erleben musste, setzte sie Bischof Julius Echter Anfang des 17. Jahrhunderts wieder instand und baute sie aus. An ihn erinnert das Echtertor.

Scarcely after its founding, the castle deteriorated initially until the area became the property of the St. Burkhard monastery at the foot of the mountain in 985. Only later did Bishop Konrad von Querfurt revive the grounds in 1201. After it suffered several fires, Bishop Julius Echter repaired it at the beginning of the 17th century and expanded it. Echter Gate is dedicated to him.

Le château fort tomba en ruines peu de temps après sa fondation jusqu'à ce que son emplacement devienne possession du couvent St. Burkhard au pied de la montagne. L'évêque Konrad von Querfurt éveilla ce complexe à une nouvelle vie en 1201. Après plusieurs incendies l'évêque Julius Echter, au début du 17e siècle, le fit restaurer et agrandir. L'Echtertor rappelle sa mémoire.

Besondere Sehenswürdigkeiten sind nicht nur der Kiliansturm, das Scherenbergtor und die Pferdeschwemme (Foto), sondern auch der Randersackererturm: Hier wurde der Bildhauer Tilman Riemenschneider 1525 acht Wochen lang gefangengehalten und gefoltert. Der ehemalige Bürgermeister Würzburgs hatte sich an dem gescheiterten Bauernaufstand gegen den Fürstbischof beteiligt.

Special sights not only include Kilian Tower, Scherenberg Gate and "Pferdeschwemme" (photo) but also Randersackerer Tower: In 1525 the sculptor, Tilman Riemenschneider, was kept prisoner and tortured here for eight weeks. The former mayor of Würzburg had taken part in the unsuccessful peasants' revolt against the bishop.

Les principales curiosités ne sont pas seulement la tour Kilian, la porte Scherenberg et l'abreuvoir aux chevaus (photo) mais aussi la tour Randersackerer: En 1525, le sculpteur Tilman Riemenschneider y fut enfermé et torturé pendant huit semaines. L'ancien maire de Wurtzbourg avait participé à une révolte des paysans contre le prince-évêque mais la révolte avait échoué.

Die Marienkirche im Burghof wurde schon damals als historisches Kleinod gehegt: Sie stammt aus dem Jahre 706 und ist damit vielleicht die älteste Kirche Deutschlands. Einen großartigen Blick über die Stadt bietet der Fürstengarten, der bereits Mitte des 17. Jahrhunderts angelegt wurde. Fürs Lustwandeln zwischen Weinranken und Blumenrabatten haben auch heutige Zeigenossen eine Schwäche. Aus der Zeit um 1201 ist der runde Bergfried erhalten.

The Church of the Virgin Mary in Burghof was, already at that time, cherished as a historical gem: it dates from the year 706 and is thus perhaps the oldest church in Germany. Fürstengarten, which was already laid out in the mid-17th century, offers a magnificent view over the city. Even contemporary visitors today have a weakness for strolling between vines and flower beds. The still intact round keep dates from the period about 1201.

La Marienkirche, dans la cour de la forteresse, était déjà considérée alors comme un précieux bijou historique: elle date de 706 et est ainsi, probablement, la plus vieille église d'Allemagne. Les Fürstengarten tracés dès le milieu du 17e siècle offrent une vue magnifique sur la ville. Nos contemporains aiment, eux aussi, se promener entre les sarments de vigne et les parterres de fleurs. Le donjon rond date d'environ 1201.

Das Plateau der Festung ist mit einer stattlichen Bastionärbefestigung umgeben. Die jüngsten Bauten wie die Teufelsschanze im Nordwesten und der Maschikuli-Turm stammen aus dem 18. Jahrhundert. Die übrigen aus den Gründungsjahren stellen mehr als Funktionalität zur Schau: An barocker Pracht mit reichem Figurenschmuck wurde nicht gespart.

The plateau of the fortress is surrounded by mighty fortified bastions. The most recent buildings, such as Teufelsschanze in the northwest and Maschikuli Tower, date from the 18th century. The remaining structures from the founding years display more than functionality: there was no sparing of baroque splendor with abundant ornamentation and figures.

Le plateau de la forteresse est entouré d'une imposante fortification. Les constructions les plus récentes comme le retranchement du Diable et la tour aux machicoulis datent du 18e siècle. Les édifices de l'époque de la fondation ne sont pas uniquement fonctionnels: on n'a pas lésiné sur la splendide ornementation baroque riche en personnages.

Wo Adam und Eva wohnen:
Das Mainfränkische Museum

Obwohl er 48 Jahre lang in Würzburg wirkte, geriet das Werk Tilman Riemenschneiders nach seinem Tod 1531 in Vergessenheit. Drei Jahrhunderte vergingen, bis man sich wieder seiner bewegenden Bildschnitzereien und Steinmetzarbeiten erinnerte. Die Sammlung seiner Meisterstücke bildet heute den Kern des Mainfränkischen Museums, wo man auch dieser Trauernden Maria von 1505 begegnet.

Although he spent 48 creative years in Würzburg, Tilman Riemenschneider's works fell into oblivion after his death in 1531. Three centuries passed by before his moving wood carvings and stone masonry work were brought back to mind. Today the collection of his masterpieces forms the core of the Main-Franconian Museum, where one can also encounter this Mourning Virgin Mary dating from 1505.

Bien que Riemenschneider ait travaillé 48 ans à Wurtzbourg, l'œuvre de l'artiste tomba dans l'oubli après sa mort en 1531. Trois cents ans passèrent avant qu'on ne se rappelle ses émouvantes sculptures. Une collection de ses œuvres maîtresses constitue le noyau du Mainfränkische Museum où se trouve aussi cette vierge affligée de 1505.

Hier dürfen die Kunstwerke atmen: Jedes Riemenschneider-Exponat behält durch geschickte Plazierung sein ursprüngliches Eigengewicht. Um die kostbaren Sandsteinfiguren von Adam und Eva gruppieren sich Heiligenbilder aus dem Ende des 15. Jahrhunderts.

Here the works of art can breathe: every Riemenschneider exhibit retains its own original character by virtue of skilful placement. Grouped around the valuable sandstone figures of Adam and Eve are pictures of saints dating from the end of the 15th century.

Ici les œuvres d'art peuvent respirer: chaque œuvre de Riemenschneider se détache bien sur les autres et reçoit l'importance qu'elle avait à l'origine. Autour des précieuses statues d'Adam et d'Eve sont groupés des saints de la fin du 15e siècle.

Das Mainfränkische Museum fand 1947 im barocken Zeughaus und in den Gewölben der 1605 erbauten Echterbastei auf der Festung Marienberg ein neues Domizil. Es gibt Zeugnis von den großen Epochen der Kunst in Würzburg und Mainfranken (Foto).

In 1947 the Main-Franconian Museum found a new home in the baroque arsenal and in the vaults of the Echter Bastion, built at the Marienberg fortress in 1605. It bears witness to the great eras of art in Würzburg and Mainfranken (photo).

Le Mainfränkische Museum fut aménagé en 1947 dans l'arsenal baroque et sous les voûtes de la Echterbastei de 1605, dans la forteresse de Marienberg. Il témoigne des grandes époques de l'art de Wurtzbourg et du pays du Main franconien (photo).

Ob „Klanggarten", „Frühling International" oder einfach nur schlendern und die Seele im Grünen baumeln lassen: Seit 1990 lockt der Park der Landesgartenschau unterhalb der Festung Marienberg jährlich tausende Besucher an.

Whether "Sound Garden", "Spring International" or simply strolling and taking in the refreshing green surroundings: the park of the National Garden Show beneath the Marienberg fortress has been attracting thousands of visitors since 1990.

Depuis 1990 le parc de l'Exposition Horticole du Land, sous la forteresse de Marienberg, attire, tous les ans, des milliers de visiteurs. Ils viennent au «Jardin Sonore», au «Printemps International» ou simplement pour se balader dans la verdure.

Grüne Oasen vor der Tür

Auch Wandervögel wissen Würzburg zu schätzen. Wer nicht gerade den 4,5 Kilometer langen Weinlehrpfad im Norden der Stadt erkundet, genießt die waldigen Höhen in der Umgebung: der Naturpark Steigerwald liegt direkt vor der Tür. Lohnenswert ist aber auch ein Ausflug ins alte Weinhandelsstädtchen Tauberbischofsheim oder nach Volkach am Main (Foto).

Hikers also appreciate Würzburg. Those who are not in the process exploring the 4.5-kilometer-long informative wine path in the northern section of the city are probably enjoying the woody heights in the surrounding region. the Steigerwald Nature Park is located just outside the city. But an excursion to the old wine trading town of Tauberbischofsheim or to Volkach am Main (photo) is also worthwhile.

Les oiseaux migrateurs eux aussi aiment bien Wurtzbourg. Qui n'explore pas le sentier d'enseignement sur le vin, long de 4,5 km, au nord de la ville, pourra jouir des hauteurs boisées des environs: le parc naturel Steigerwald est situé aux portes de la ville. La petite ville historique de Tauberbischofsheim, dédiée au commerce du vin ou Volkach-sur-le-Main (photo) sont aussi des buts d'excursion très appréciés.

Chronik

1000 v.Chr.
Hinweise für eine keltische Fliehburg auf dem Marienberg
704
Erste urkundliche Erwähnung des Castellum Virteburch
706
Weihe der ersten Kirche auf der „Würzburg"
742
Gründung des Bistums. Der heilige Burkhard wird erster Bischof
1156
Staufferkaiser Barbarossa feiert in Würzburg seine zweite Ehe mit Beatrix, der Erbin von Burgund
1168
Barbarossa überträgt die fränkische Herzogwürde auf den Bischof
1201
Beginn des Burgausbaus auf dem Marienberg
1256
Die Festung Marienberg wird Residenz
1483
Der Bildhauer Tilman Riemenschneider kommt nach Würzburg und macht Karriere als Ratsherr und Bürgermeister
1525
Ende der Bauernkriege, an der sich die Stadt beteiligt hatte. Bischof Konrad von Thüringen hält strenges Gericht. Riemenschneider auf der Burg gefoltert
1573
Julius Echter von Mespelbrunn wird Fürstbischof
1582
Gründung der Universität
1631
Besetzung der Stadt durch die Schweden
1642
Johann Philipp von Schönborn wird Fürstbischof und baut den Marienberg zur Reichsfestung aus
1711
Balthasar Neumann kommt nach Würzburg
1720
Baubeginn der Residenz
1801
Die Franzosen besetzen Stadt und Festung
1802
Ende des Hochstifts durch den Reichsdeputationshauptbeschluß
1814
Endgültige Besetzung durch die Bayern, Eingliederung ins Königreich Bayern
1895
Wilhelm Conrad Röntgen entdeckt die nach ihm benannten Strahlen
1945
Luftangriff der Royal Air Force zerstört Großteil der Stadt
1970
Wiederaufbau der Altstadt abgeschlossen
1982
Die Residenz wird als Weltkulturgut in die UNESCO-Liste des „Erbes der Welt" aufgenommen
1985
Eröffnung Congress-Centrum
1990
Landesgartenschau
1991
Anschluß an das ICE-Netz

Chronicle

1000 B.C.
Indications of a Celtic refuge on Marienberg
704
First documentary mention of Castellum Virteburch
706
Consecration of the first church on "Würzburg"
742
Founding of the diocese. St. Burkhard becomes first bishop
1156
Hohenstauffen Emperor Barbarossa celebrates his second marriage with Beatrix, the heiress von Burgund, in Würzburg
1168
Barbarossa transfers Franconian rank of duke to the bishop
1201
Beginning of expansion of castle on Marienberg
1256
Marienberg fortress becomes royal residence
1483
Sculptor Tilman Riemenschneider comes to Würzburg and makes a career for himself as town councillor and mayor
1525
End of Peasant Wars which the city had taken part in. Bishop Konrad von Thüringen pronounces strict judgement. Riemenschneider is tortured in the castle
1573
Julius Echter von Mespelbrunn becomes bishop
1582
Founding of the university
1631
Occupation of the city by the Swedes
1642
Johann Philipp von Schönborn becomes bishop and develops Marienberg into an imperial fortress
1711
Balthasar Neumann comes to Würzburg
1720
Beginning of construction of royal residence
1801
French occupy city and fortress
1802
End of central administration of diocese by virtue of resolution of imperial deputation
1814
Final occupation by the Bavarians, incorporation into Kingdom of Bavaria
1895
Wilhelm Conrad Röntgen discovers the rays named after him
1945
An air raid by the Royal Air Force destroys a large portion of the city
1970
Reconstruction of the Old Town completed
1982
Royal residence is taken up in UNESCO list of "Heritage of the World" as an international cultural asset
1985
Opening of Congress Center
1990
National Garden Show
1991
Connection to ICE rail network

Histoire

1000 avant J.-C.
Lieu de refuge celte sur le Marienberg
704
Le fort de Virteburch est mentionné pour la première fois dans les chroniques
706
Consécration de la première église sur le «Würzburg»
742
Fondation de l'évêché. Saint Burkhard en est le premier évêque
1156
A Wurtzbourg l'empereur Hohenstauffen Barberousse prend pour deuxième femme Béatrice, héritière de Bourgogne
1168
Barberousse accorde à l'évêque la dignité de duc franconien
1201
Agrandissement de la forteresse sur le Marienberg
1256
La forteresse devient résidence
1483
Le sculpteur Tilman Riemenschneider vient à Wurtzbourg, il devient membre du conseil municipal et maire
1525
Fin de la guerre des Paysans à laquelle la ville avait participé. L'évêque Konrad de Thuringe juge sévèrement les rebelles. Riemenschneider est torturé dans la forteresse
1573
Julius Echter von Mespelbrunn devient prince-évêque
1582
Fondation de l'université
1631
La ville est occupée par les Suédois
1642
Johann Philipp von Schönborn devient prince-évêque et fait du Marienberg une forteresse d'Empire
1711
Balthasar Neumann à Wurtzbourg
1720
Construction de la Résidence
1801
Occupation de la ville et de la forteresse par les Français
1802
Abolition de la seigneurerie ecclésiastique par un décret d'Empire
1814
Annexion définitive par le royaume de Bavière
1895
Wilhelm Conrad Röntgen découvre les rayons-X
1945
Un raid aérien de la Royal Air Force détruit une grande partie de la ville
1970
La reconstruction de la vieille ville est terminée
1982
La Résidence figure sur la liste de l'UNESCO «Héritage du Monde» en tant que bien culturel mondial
1985
Ouverture du centre de Congrès
1990
Exposition Horticole du Land
1991
Rattachement au réseau ferroviaire à grande vitesse